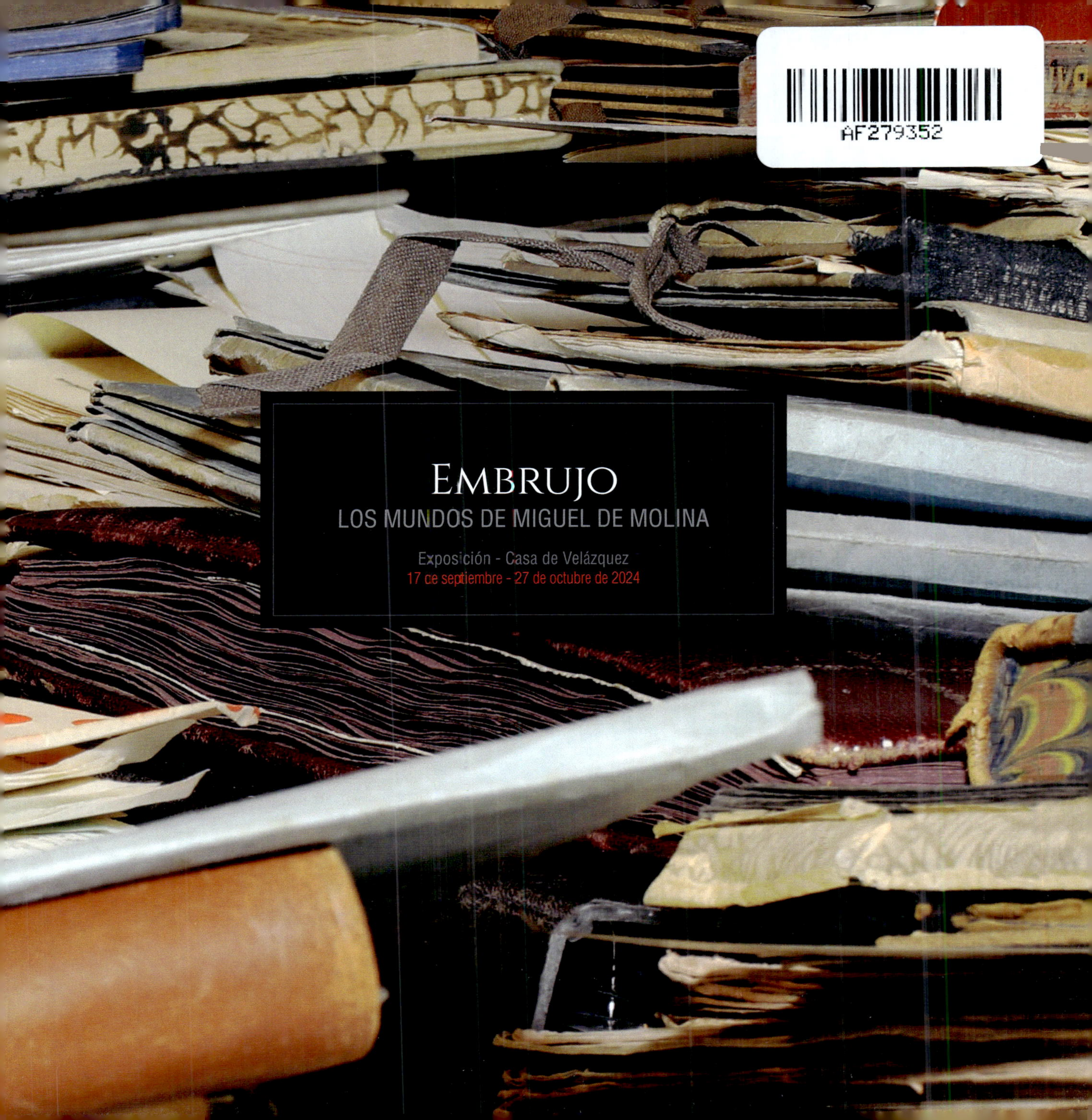

EMBRUJO
LOS MUNDOS DE MIGUEL DE MOLINA
Exposición - Casa de Velázquez
17 ce septiembre - 27 de octubre de 2024
AF279352

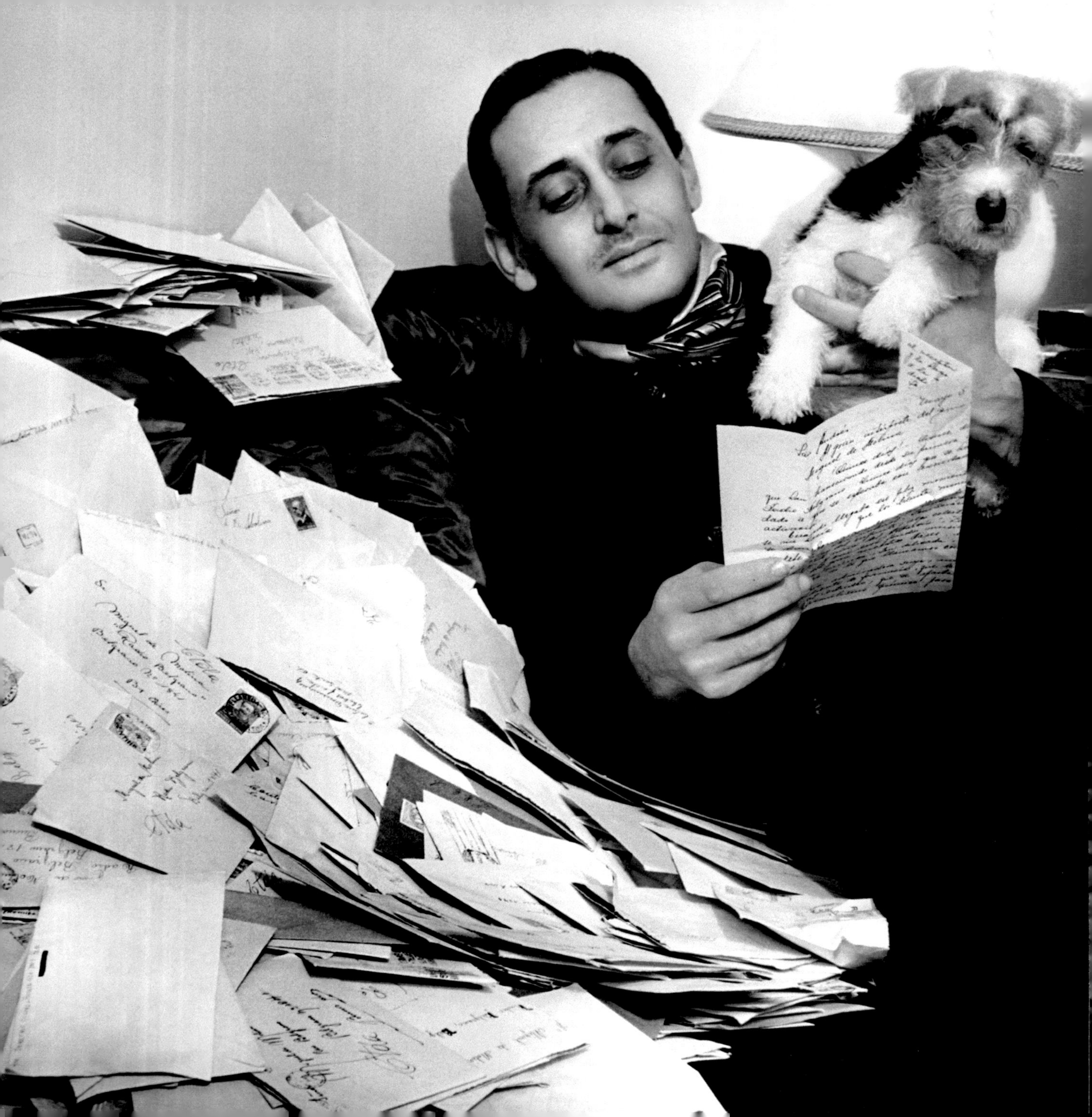

«Para que la gente conozca la verdad de Miguel de Molina»

Con motivo de los 90 años de la versión de *El Amor Brujo* de Manuel de Falla por Antonia Mercé *La Argentina* que se representó en el Teatro Español en 1934 (véanse las págs. 10-11 del presente catálogo), la exposición *Embrujo. Los mundos de Miguel de Molina* quiere dar a conocer la vida y el arte vanguardista de una gran figura de la cultura española, desde sus inicios en los años treinta en Madrid hasta su retirada de los escenarios en 1960, en Buenos Aires, donde vivió exiliado.

Nacido en Málaga en 1908, Miguel de Molina alcanzó el éxito renovando profundamente el género de la copla, no solo porque fue el primer intérprete masculino de un género musical hasta entonces reservado a las mujeres, sino también porque, influenciado por grandes nombres de la cultura de la época (como Antonia Mercé, Rafael de León, Manuel de Falla o Federico García Lorca), concibió representaciones vanguardistas que fascinaron por su audacia y modernidad. Intérprete excepcional, el desde entonces conocido como «Rey de la copla» sigue siendo un referente para muchos contemporáneos.

Más allá de esta imagen, muy presente en el imaginario colectivo, la originalidad de Miguel de Molina radica en su concepción plural de la creación artística: Molina, cantante de coplas y bailaor del entonces llamado «arte gitano», también imprimió su sello en toda la dimensión artística de sus espectáculos, al ser a la vez director de escena, coreógrafo, escenógrafo, diseñador de vestuario y arreglista, y al controlar él mismo la producción y comercialización de sus espectáculos. Asimismo, su archivo revela que fue un poeta, novelista y diarista de una gran envergadura intelectual.

Embrujo forma parte de un proyecto de investigación vinculado a la apertura del Archivo de la Fundación Miguel de Molina —un legado excepcional, armado entre dos continentes y que resistió a guerras y exilios—. La exposición quiere dar visibilidad a la parte menos conocida de este fondo monumental de extraordinaria riqueza: la correspondencia con artistas y escritores, los escritos en prosa, poemarios y diarios inéditos, los libros de prensa, la ingente documentación fotográfica, los libretos, partituras, diseños de vestuario y trajes originales de los espectáculos del artista, así como la documentación administrativa relativa al exilio o a su compañía.

La muestra se articula en dos secciones, con una finalidad doble: por una parte, presentar materiales inéditos que permitirán no solo investigar la trayectoria y el proceso creativo de Miguel de Molina, sino ampliar el conocimiento de la vida cultural de los años treinta, del periodo de la guerra civil, y del exilio (págs. 6-9); por otra, invitar a (re)descubrir las múltiples facetas creativas de la figura de Miguel de Molina, desde su increíble talento de diseñador (págs. 12-15), bailarín (págs. 10-11), escenógrafo (págs. 16-17) o actor (págs. 18-19) hasta su intensa vida social y la admiración que suscitaron sus interpretaciones (págs. 20-21).

Inscrita en una dinámica de rehabilitación memorial, esta exposición es un testimonio de la riqueza de la labor creativa de Miguel de Molina y un homenaje a un artista reprimido por el régimen franquista por sus orientaciones sexual y política.

Las siguientes páginas quieren darle voz, en primera persona, a través de citas de sus textos memorialísticos.

SIMBOLISMO GITANO

El embrujo de Miguel de Molina, gran estilista de los bailes de Falla

Título de un artículo de Prudencio Muñoz Delgado en la revista *¡Tararí!*, conservado en el primer álbum de prensa de Miguel de Molina.

Diario de mi Destierro

de nuevo en la comisaria y me notifican q[ue]
he perdido el tren y que he de pasar la noche
alli en espera de salir por la mañana asi
me lo notifica el inspector, y alli me quedo
petrificado sin saber qué había de ser de m[i]
ni a donde pensaban enviarme, en esta lucha
terrible con mi pobre cerebro que estaba a pun[to]
de estallar despido a Clarel y le digo que uno[s]
entre mis amistades, cuando menos, para sabe[r]
que destino era el mío y a donde se m[e]
enviaba envio al chico Pepito tambien a que
le diga Amalia que lo remueva todo y que
puede venir a verme según amablemente
me comunico el inspector. me quedo solo
con mi gran abismo por delante en interro-
gacion, traen unos agentes a un raterielo
vulgar que lo han cojido infraganti, y me
quedé sorprendido del cinismo con que
hablaba de su delito y la familiaridad que l[e]
producia el ambiente curiosisimo para m[i]
que todo esto era desconocido, se lo llevara[n]

«Todo lo que me sucedió [durante] los varios meses de exilio, primero en Cáceres y luego en Buñol, lo conservo con los más mínimos detalles escrito en unos cuadernos en los que llevé mi diario […], sorprendiéndome a veces con lo que allí leo».
(p. 151)

Declaración de intenciones de las memorias de Miguel de Molina (fragmento).

«Dediqué largas horas a escribir estas memorias, un poco para decir mi verdad ante tanto invento. Y empecé a escribirlas a mano, anárquicamente, llevando al papel lo que se me ocurría en el momento, y pensando en ordenar la continuidad una vez terminado mi enorme trabajo, porque soy consciente de que mi vida es una larga y apasionante novela, plena de episodios en los que la realidad supera cualquier ficción. Esta elaboración de las memorias la he ido alternando con una serie de poemas, con los cuales pienso editar un libro».
(p. 278)

1 - Arte poética de Miguel de Molina. 2 - «Loa y resurrección de Federico García Lorca», poema escrito para el espectáculo *Paquiro*, en homenaje a García Lorca, presentado en el Teatro Odeón de Buenos Aires en 1947. 3 - Poema dedicado a Lola Flores. Buenos Aires, noviembre de 1980.

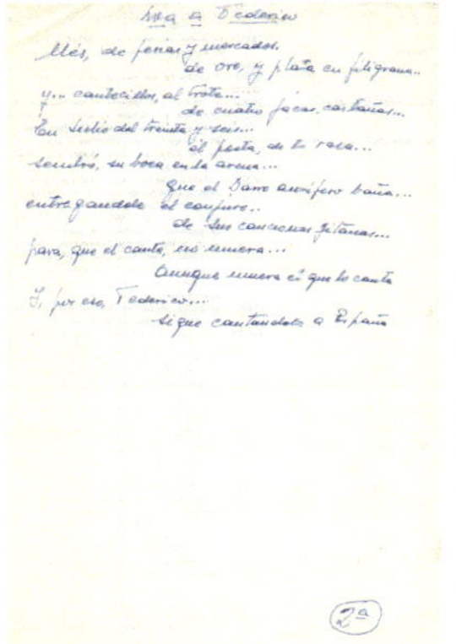

ENTRE BAMBALINAS

«Fui corriendo a Los Gobelinos, una de las mejores tapicerías y sederías de Buenos Aires, y les dije que quería que me vistieran el escenario como jamás se había visto.

Pedí un panorama negro, riquísimas telas para las embocaduras, rompimientos, cortinas de un brocado color palo de rosa y un telón de boca, de raso color tabaco. Y hasta hice tapizar mi camerino con seda color chocolate.

Luego ataqué con el hall y lo llené de floreros que llevarían magníficos ramos. Lo adorné con mantones y capotes y colgué una colección de fotografías mías. Reuní a los acomodadores y les pedí que, si no tenían inconveniente, se afeitaran sus desiguales bigotes, que lucieran camisas blancas y nuevos uniformes. No me olvidé de nada».

(p. 179)

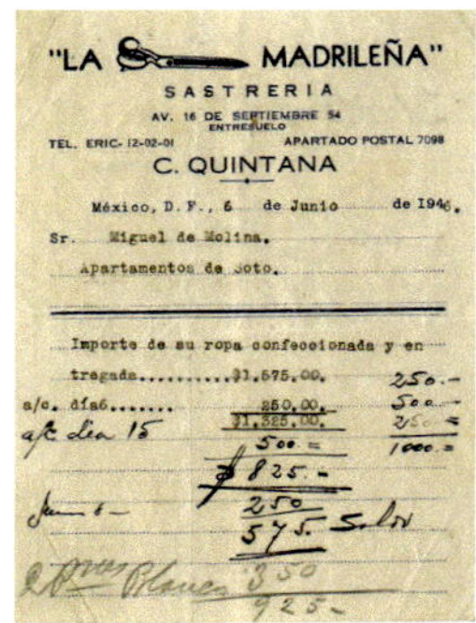

Factura de vestuario de
la sastrería «La Madrileña».

Repertorio de canciones en el que
Miguel de Molina hace un listado
de los temas censurados.

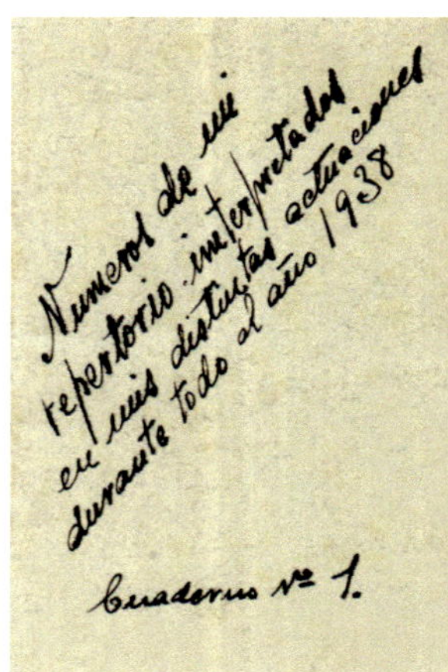

Portada del cuaderno *Números de mi
repertorio interpretados en mis distintas
actuaciones* (1938) y página de la reaparición
en el Teatro Pavón, después del secuestro, el
10 de noviembre de 1939.

Partitura de «Ojos Verdes» con el comentario: «Estás divino Miguelito cada vez que cantas "Ojos verdes". Cariño, El Petizo». ▶

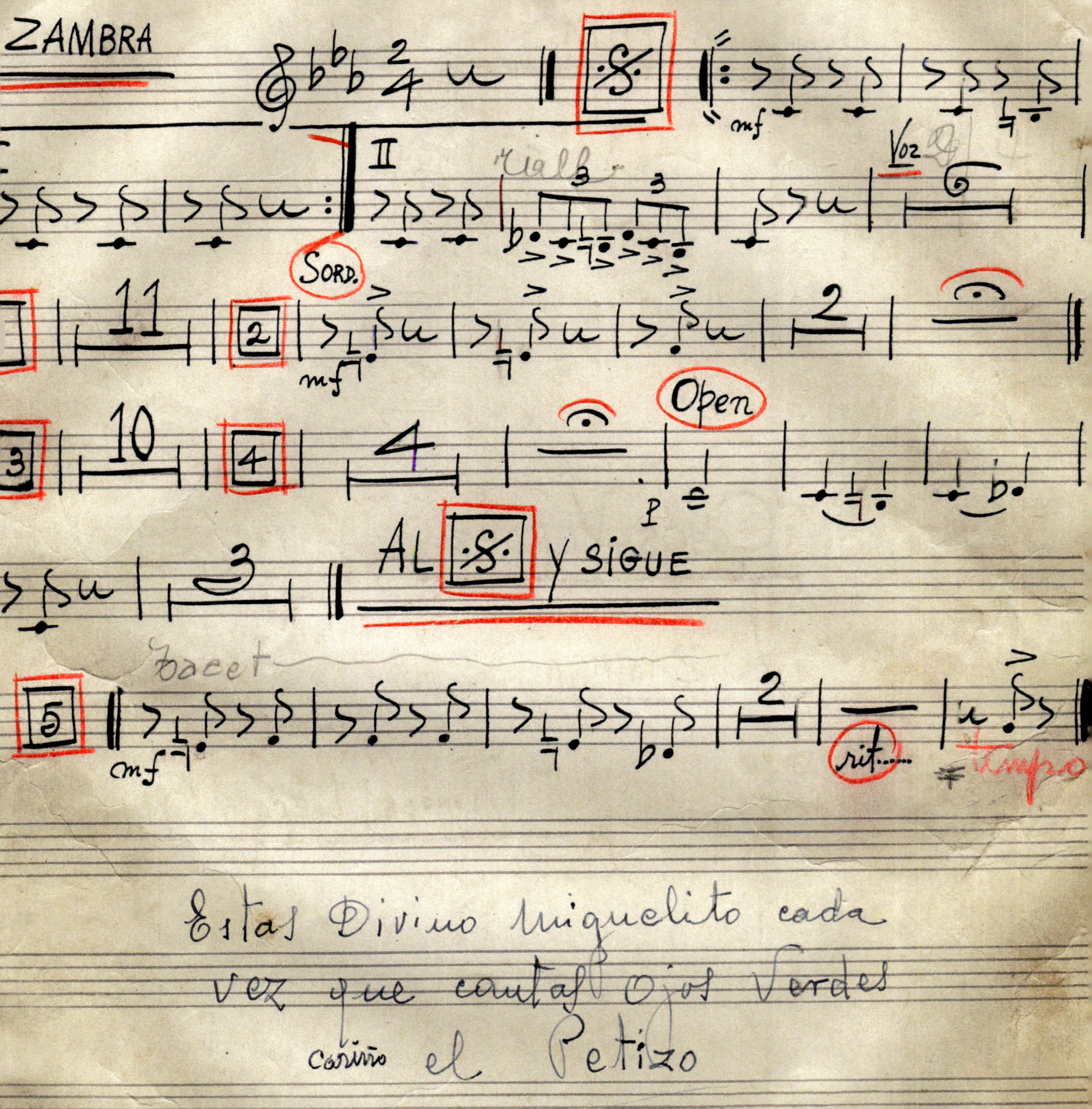

ZAMBRA
mf
rialt
Voz
SORD.
mf
Open
P
AL y SIGUE
tacet
mf
rit......
Tempo
Estas Divino miguelito cada
vez que cantas ojos Verdes
cariño el Petizo

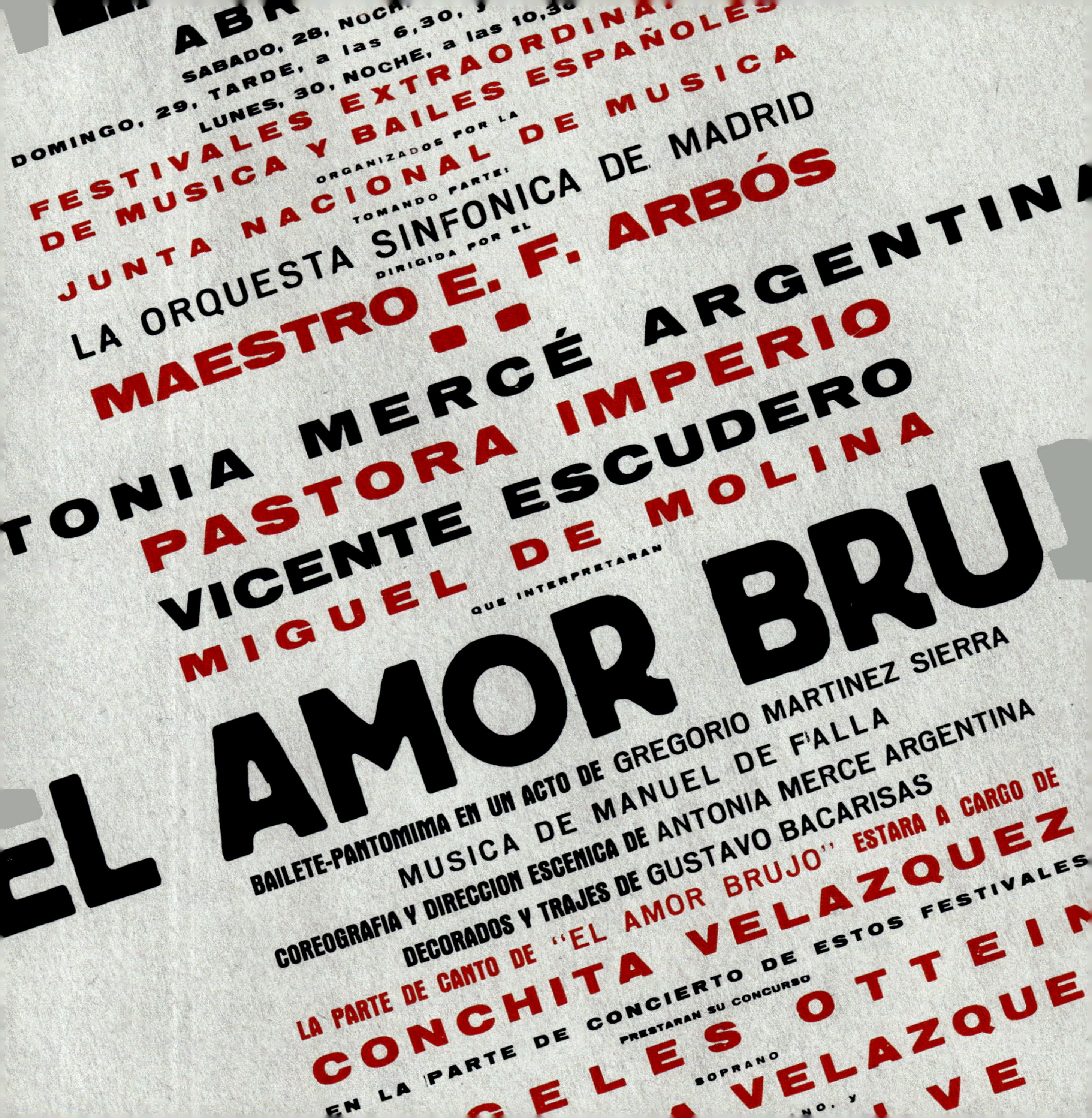
SABADO, 28, NOCHE,
DOMINGO, 29, TARDE, a las 6,30,
LUNES, 30, NOCHE, a las 10,30,
FESTIVALES EXTRAORDINA
DE MUSICA Y BAILES ESPAÑOLES
ORGANIZADOS POR LA
JUNTA NACIONAL DE MUSICA
TOMANDO PARTE:
LA ORQUESTA SINFONICA DE MADRID
DIRIGIDA POR EL
MAESTRO E. F. ARBÓS
TONIA MERCÉ ARGENTINA
PASTORA IMPERIO
VICENTE ESCUDERO
MIGUEL DE MOLINA
QUE INTERPRETARAN
EL AMOR BRU
BAILETE-PANTOMIMA EN UN ACTO DE GREGORIO MARTINEZ SIERRA
MUSICA DE MANUEL DE FALLA
COREOGRAFIA Y DIRECCION ESCENICA DE ANTONIA MERCE ARGENTINA
DECORADOS Y TRAJES DE GUSTAVO BACARISAS
LA PARTE DE CANTO DE "EL AMOR BRUJO" ESTARA A CARGO DE
CONCHITA VELAZQUEZ
EN LA PARTE DE CONCIERTO DE ESTOS FESTIVALES
PRESTARAN SU CONCURSO
GELES OTTEIN
SOPRANO
VELAZQUE
VE

EL AMOR BRUJO: MIGUEL DE MOLINA BAILARÍN

«Yo me hice artista por vocación, porque sentía el baile y me entusiasmaba practicarlo».
(«¿Por qué se hizo usted artista?», *Blanco y Negro*, 05-08-1934 p 147)

«En marzo de 1934 sucedió algo en mi carrera que pudo cambiarla en su totalidad. Nada menos que Antonia Mercé, *La Argentina*, iba a montar en el Español una nueva versión de *El Amor Brujo* de Manuel de Falla. ¡Y me ofrecía personificar al Carmelo!

La compañía no podía ser más sensacional, con Antonia Mercé, Pastora Imperio y Vicente Escudero. ¡Casi nada!...
Cuando me presenté ante Antonia no tenía fuerzas ni para pronunciar una palabra, pensando que me ofrecía ser Carmelo su enamorado en el ballet.

Dijo que tenía que ponerme a trabajar con la disciplina del ballet, haciendo barra diversos ejercicios y estudiando la coreografía que ella había preparado. Por supuesto acepté todo sin decir ni mu.

La función fue un éxito apoteósico, y cuando Antonia ya había recibido las felicitaciones de medio mundo y se retiró a su camerino, decidí dominar mi inquietud y fui a verla:
—¡Bravo, Miguelito! El mundo es tuyo.
Pero esta noche me sorprendiste con tu ímpetu y en un momento creí que nos íbamos los dos al suelo. Te felicito.
Yo solo alcancé a besarle la mano y salí del camerino como si hubiera recibido la bendición del papa. […]

No he olvidado jamás a Antonia, y ella siempre fue mi inspiración cuando traté de hacer algo artístico, de nuevo».
(pp. 92-94)

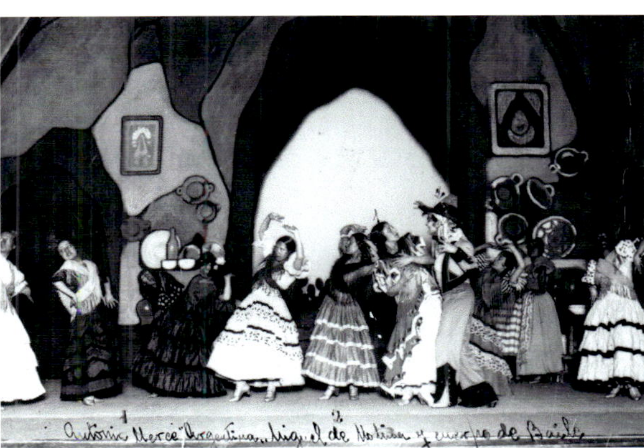

Dedicatoria de Manuel de Falla en el Libro de oro: «Para Miguel de Molina con el grandísimo recuerdo de su interpretación de esta música. Muy cordialmente».

Escena de *El Amor Brujo* en el Teatro Español de Madrid (1934), con un comentario autógrafo de Miguel de Molina: «Antonia Mercé, Miguel de Molina y cuerpo de baile».

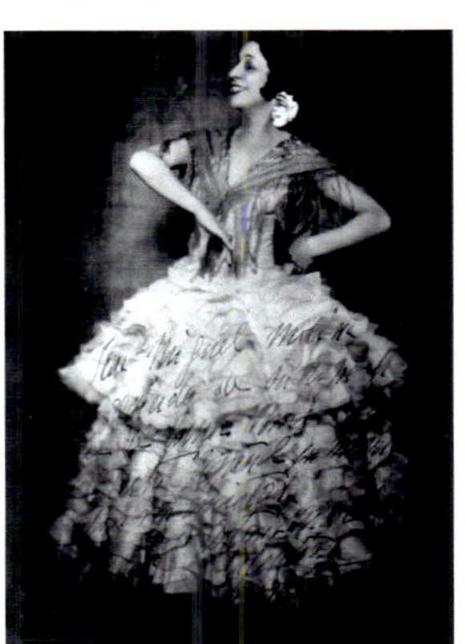

Fotografía dedicada por Antonia Mercé: «Para Miguel de Molina en recuerdo de su espectro en *El Amor Brujo* del Teatro Español de Madrid. Con mi Amistad».

◀ Cartel original de *El Amor Brujo* (1934).

VESTUARIO DE DISEÑO
"YO QUIERO SER DIFERENTE"

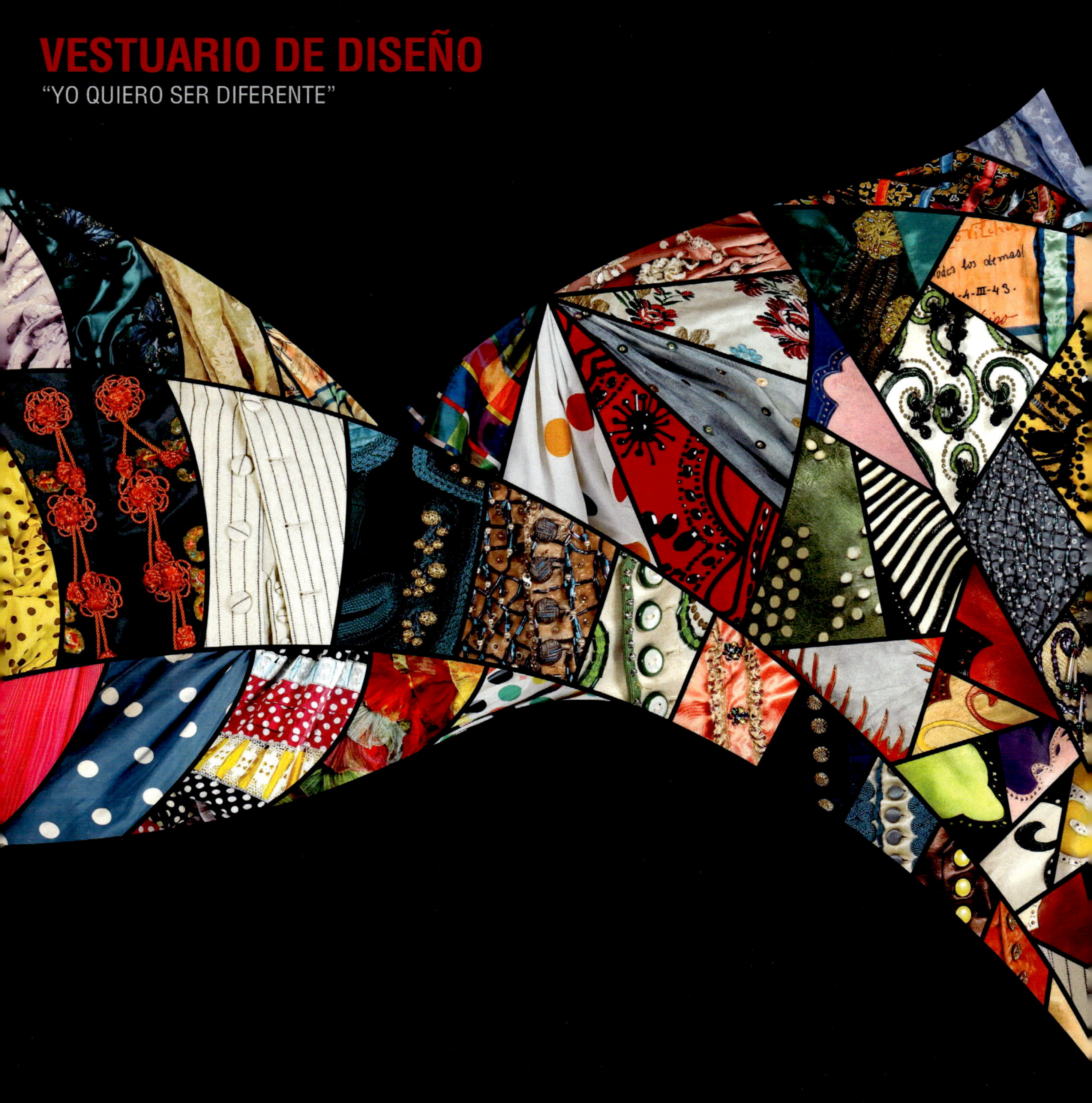

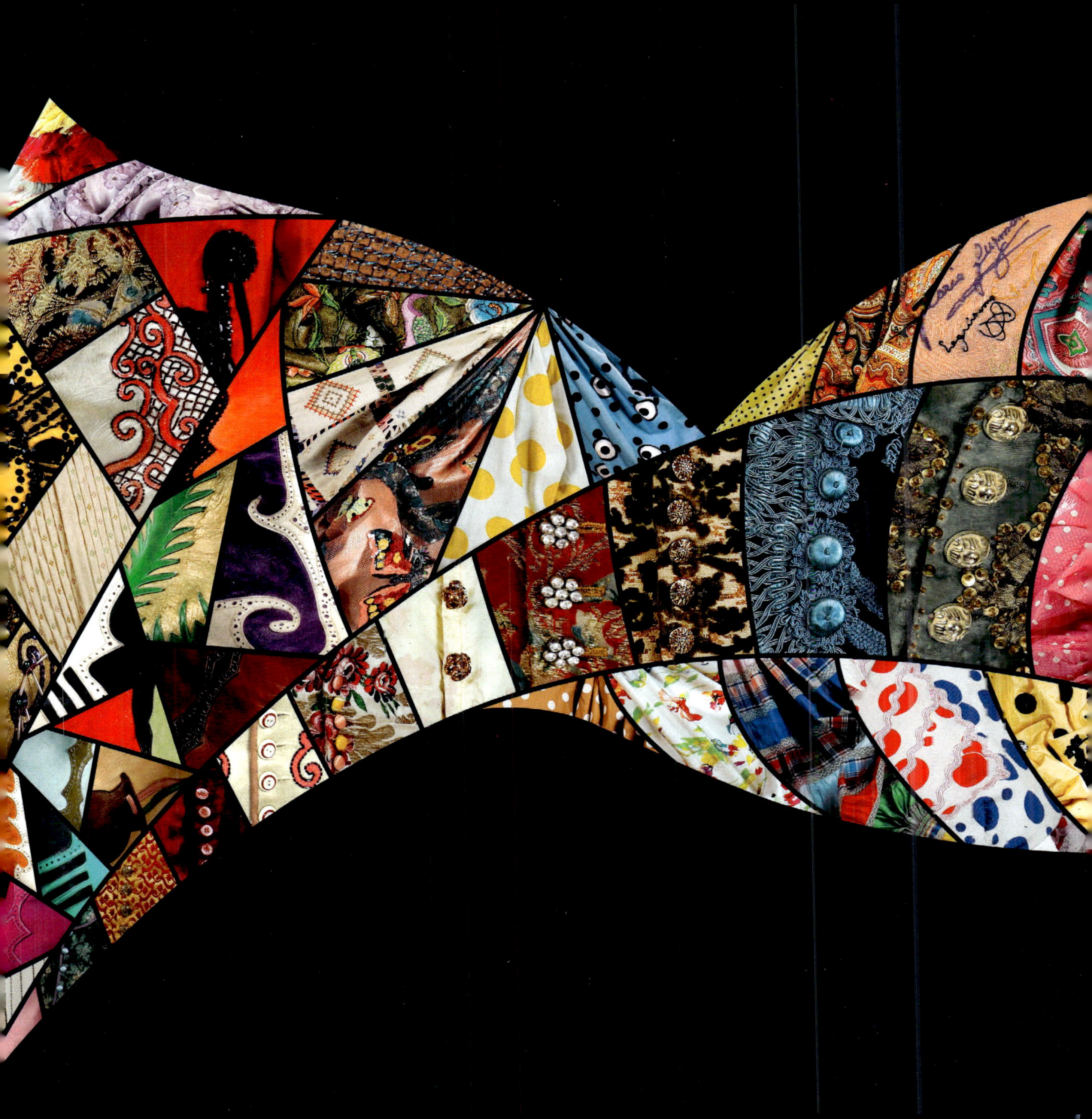

ASÍ NACIÓ LA BLUSA

«Entonces sucedió algo muy importante para mi carrera: decidí crear mi primera blusa de fantasía —que luego darían tanto que hablar— buscando algo original, distinto.
Por la década de los treinta, todos los hombres que cantaban cuplés solían ser los tan populares imitadores de las estrellas, que entonaban los éxitos de las tonadilleras vistiendo trajes femeninos como los de sus imitadas. Yo quería demostrar que un hombre podía cantar cuplés flamencos sin imitar a nadie y sin vestirse de mujer.
Así nació la blusa, que para aquella época, tan plagada de prejuicios, era bastante "petardo" y atrevida.
Y llegó el día del debut. Y el resultado fue la primera ovación que escuché en mi vida.
¡Qué maravillosa es la sensación que produce el aplauso cerrado del público!»
(pp. 78-80)

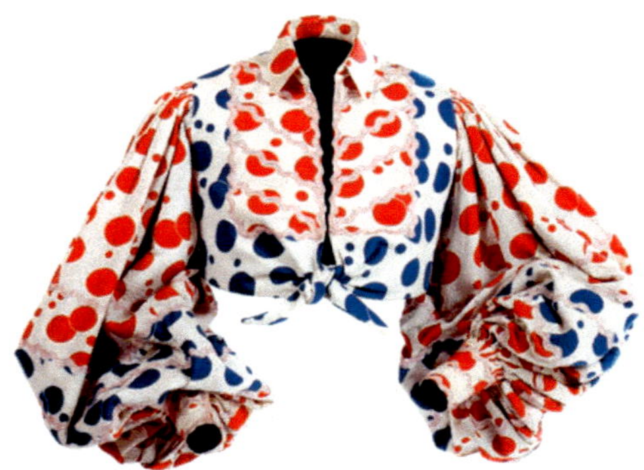

Evolución de las blusas
originales de Miguel de Molina.

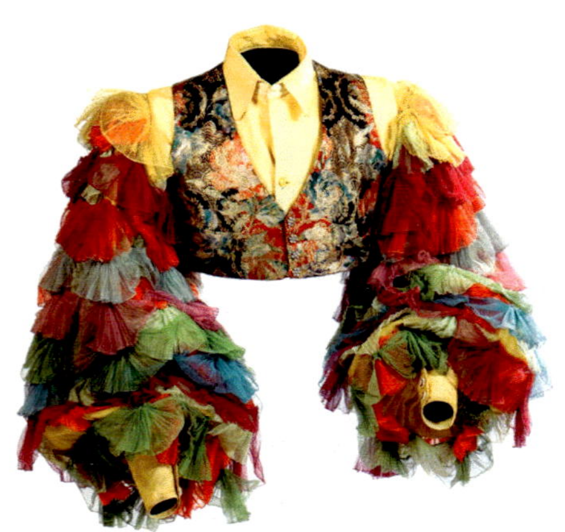

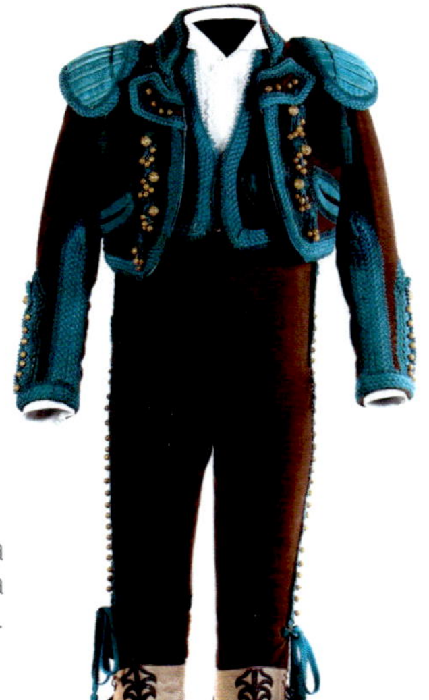

Traje de *Paquiro* para la
función en homenaje a
Federico García Lorca (1947).

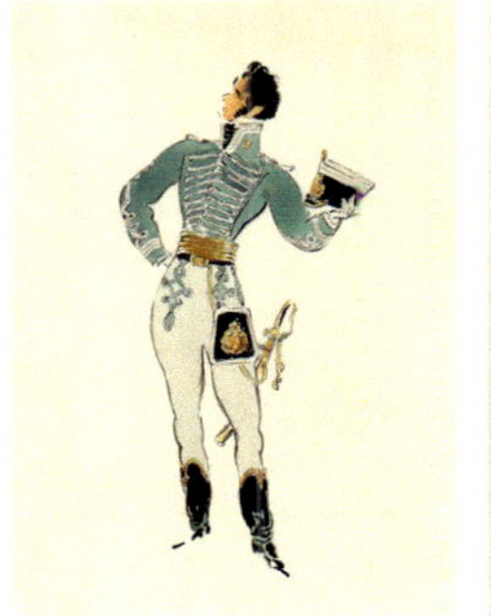 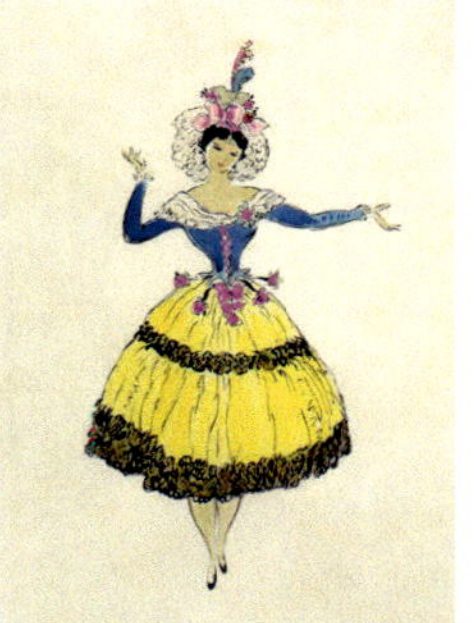 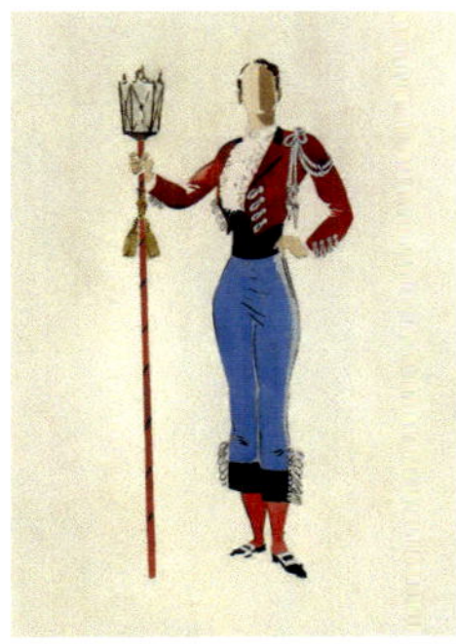 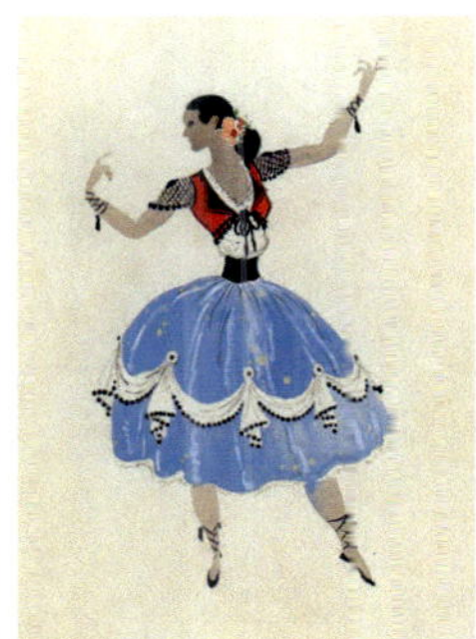

Figurines dibujados por Federico Ribas [Buenos Aires, 1943].

«Entre el teatro y yo se produjo un caso de amor a primera vista. Me parecía un mundo deslumbrante, pero todavía no sospechaba qué lugar podría yo ocupar en ese mundo mágico. Creo que entonces me hubiera conformado con ser un simple acomodador, con tal de formar parte de aquella familia».

(p. 31)

«Como siempre, trabajé sin descanso con los cortinados, decorados, vestuarios, que diseñó Federico Ribas, y reuní una excelente compañía con el complemento de nada menos que veinticuatro bailarines y una orquesta de veinte profesionales. Los empresarios se asustaban con los gastos, pero les aclaré que las cosas se hacían por todo lo alto, o no trabajaba».

(p. 224)

Fotografía de Miguel de Molina y Federico Ribas, con comentario autógrafo:

«En mi casa de Bs. As., Federico Ribas mostrándome una de las maquetas del fabuloso espectáculo presentado en el Avenida en 1943, que hizo época y originó tanto… tanto…» (1943).

"CON SUS PROPIAS MANOS"

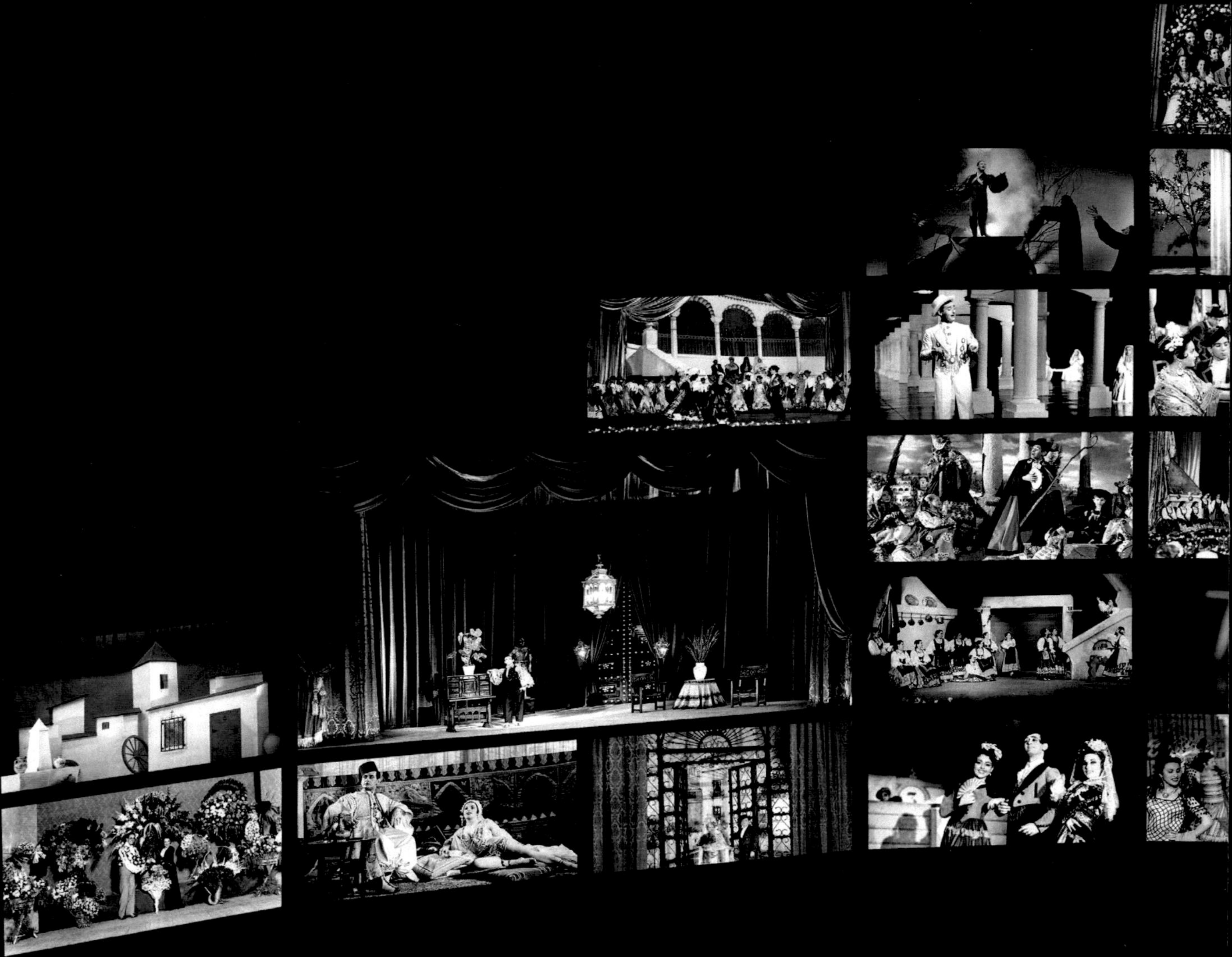

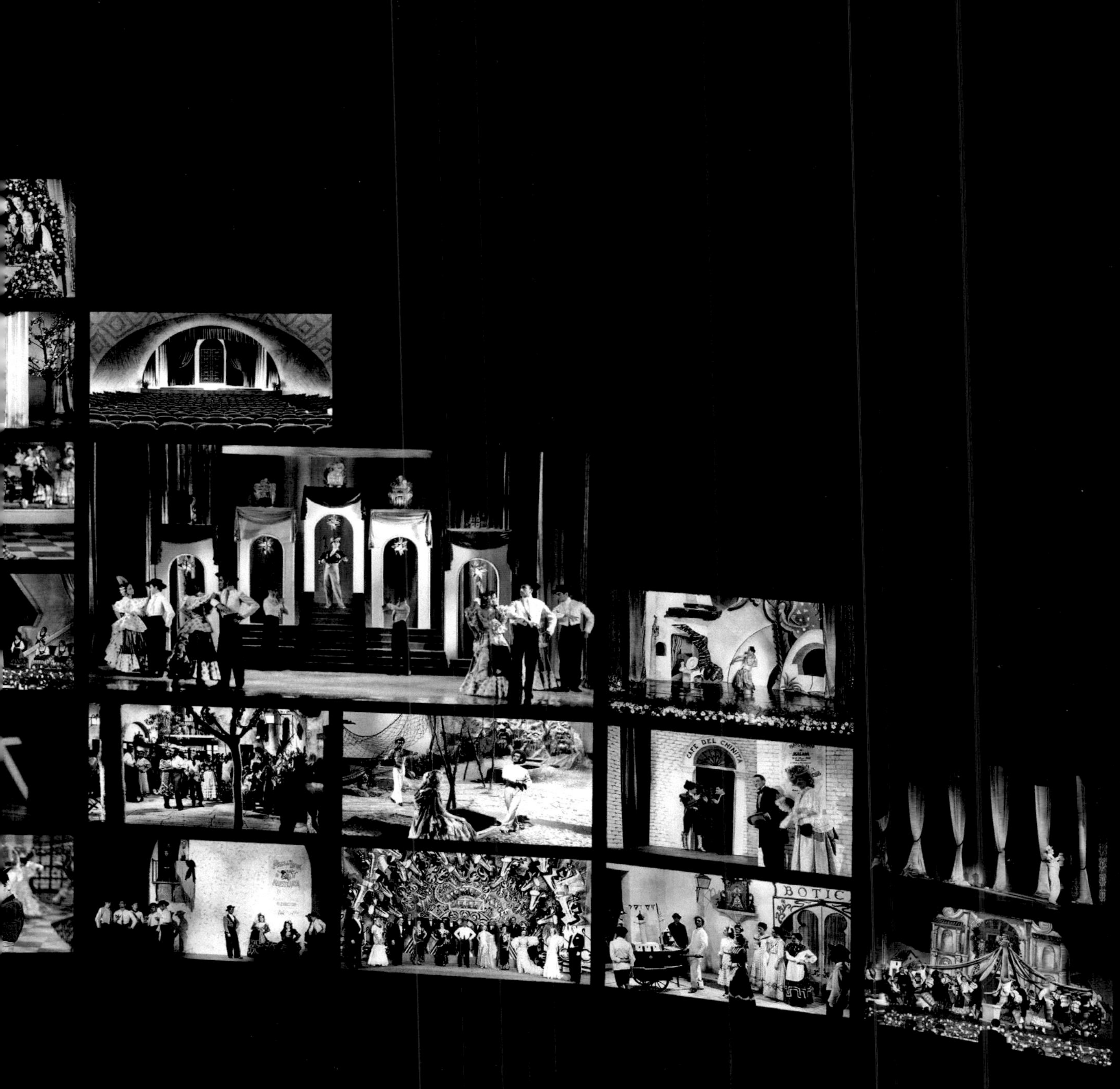

CINE, LA GRAN PANTALLA

«Yo estaba filmando lo que sería una gran producción musical, *Esta es mi vida*, la primera película mía que llegó a un público con gran éxito. Me acompañaban dos cómicos populares, Adolfo Stray y Fidel Pintos, y dos hermosas mujeres, Argentina Vélez y Egle Martin. Hicimos unos cuadros con un vestuario y decorados como no se habían visto en el cine musical argentino.

También tuve una gran satisfacción en el cine, en una original producción titulada *Luces de candilejas*. Enrique Carreras, director de casi un centenar de películas argentinas, y con un gran olfato para el éxito, hizo que me contrataran para interpretar dos cuadros musicales, y lo curioso es que, aunque la película era en blanco y negro, por primera vez se filmaron mis dos canciones en color, aprovechando, como yo soñaba, las gamas de mi vestuario y decorado. Recuerdo que en uno de los cuadros cantaba "Dos cruces" y fue de lo mejor que logré en el cine».
(pp. 259-260)

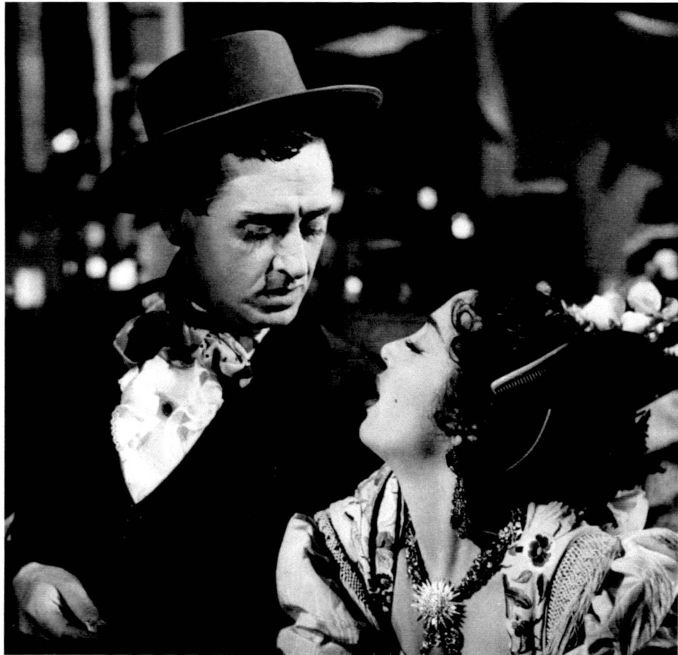

Fotograma de la interpretación de
«*La Bien Pagá*», en la película *Esta es mi vida* (1952).

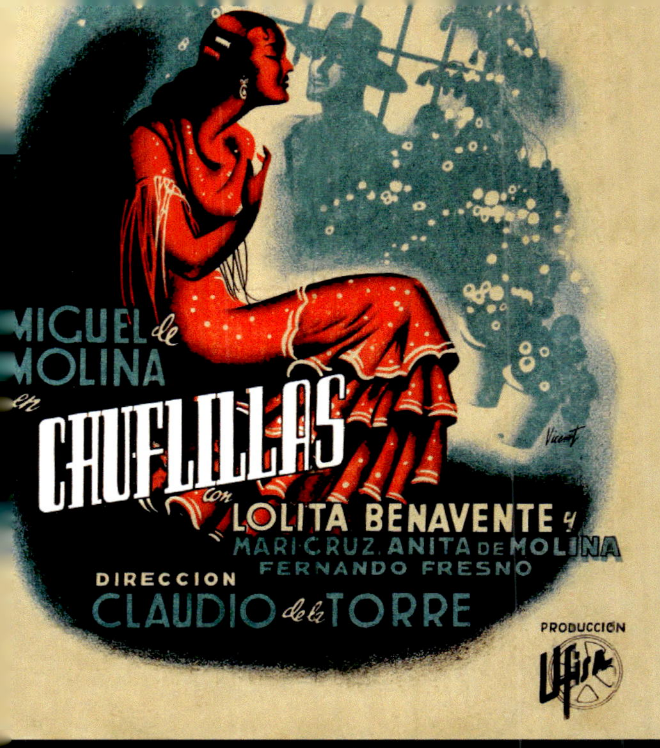

MIGUEL de MOLINA
en
CHUFLILLAS
con
LOLITA BENAVENTE y
MARI-CRUZ, ANITA de MOLINA
FERNANDO FRESNO
DIRECCION
CLAUDIO de la TORRE
PRODUCCION
UFISA

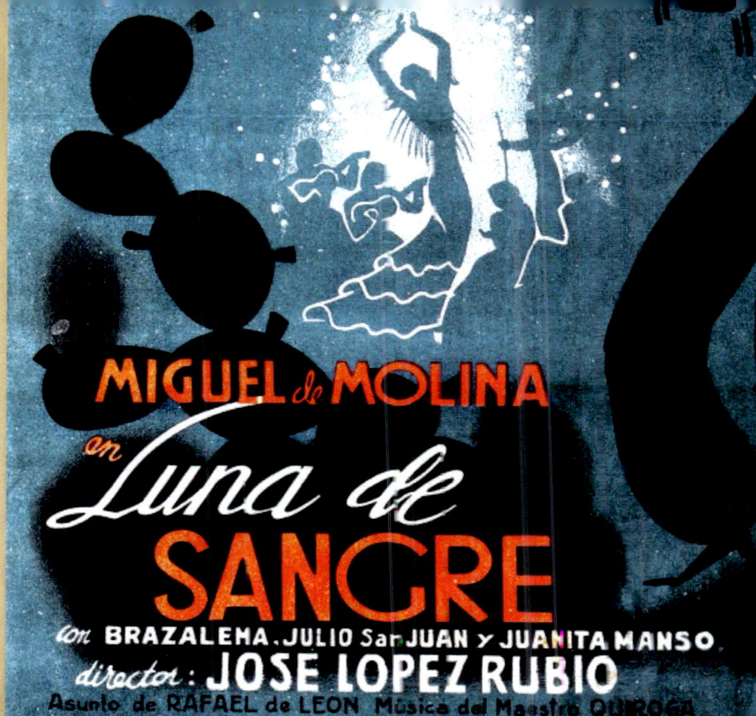

MIGUEL de MOLINA
en
Luna de
SANGRE
con BRAZALEMA, JULIO San JUAN y JUANITA MANSO
director: JOSE LOPEZ RUBIO
Asunto de RAFAEL de LEON Música del Maestro QUIROGA
GRAFICAS VALENCIA - Pizarro, 20, VALº

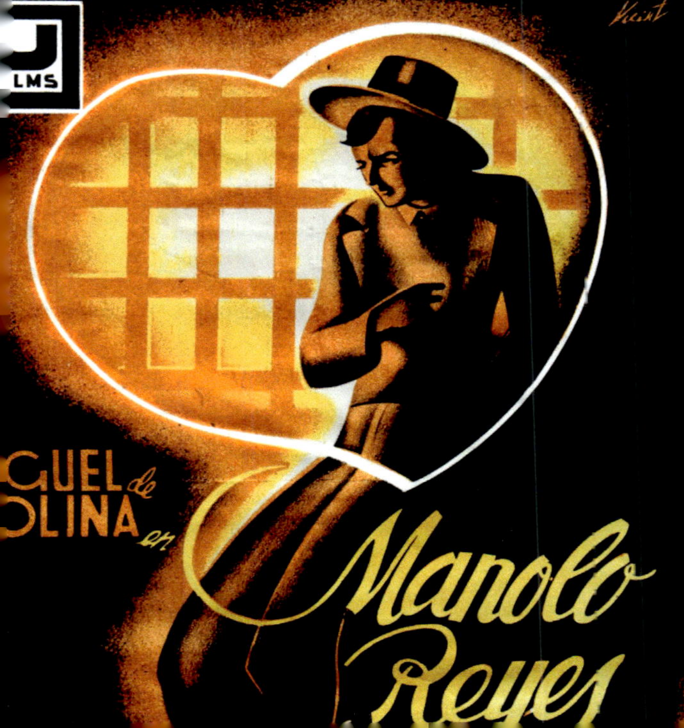

LMS
GUEL de
OLINA en
Manolo
Reyes

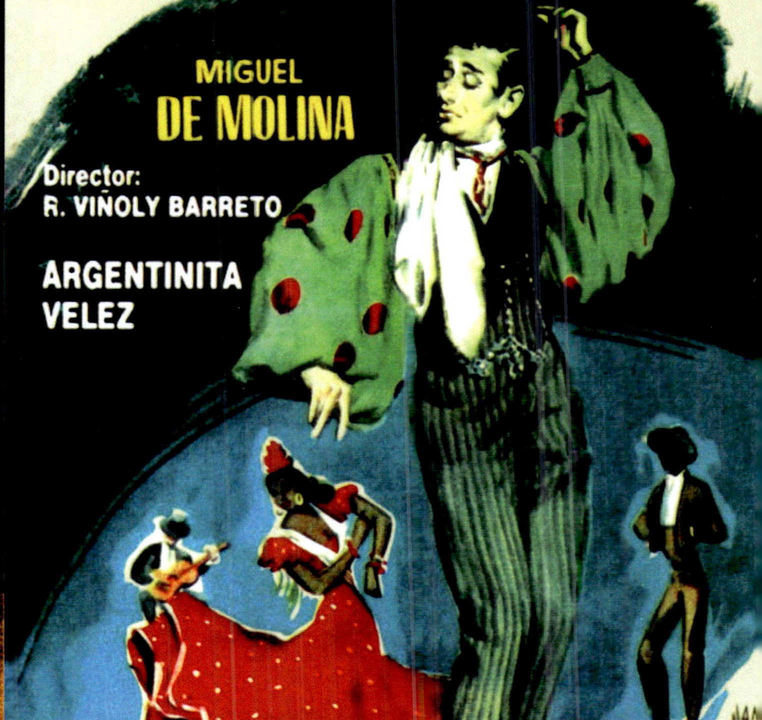

MIGUEL
DE MOLINA
Director:
R. VIÑOLY BARRETO
ARGENTINITA
VELEZ

CÁLIDOS ELOGIOS

«Te voy a enseñar parte de la historia de España y Argentina, importantísimas figuras con las que compartí inolvidables momentos y otras a las que admiré profundamente».
(Miguel de Molina a Alejandro Salade, a propósito del Libro de oro.)

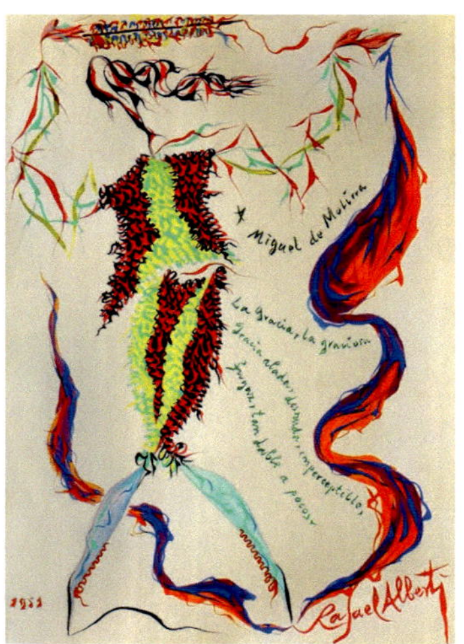

Firma de Rafael Alberti en el Libro de oro: «A Miguel de Molina,/ La gracia, la graciosa/ gracia alada, desnuda, imperceptible,/ fugaz tan dable a pocos» (1957).

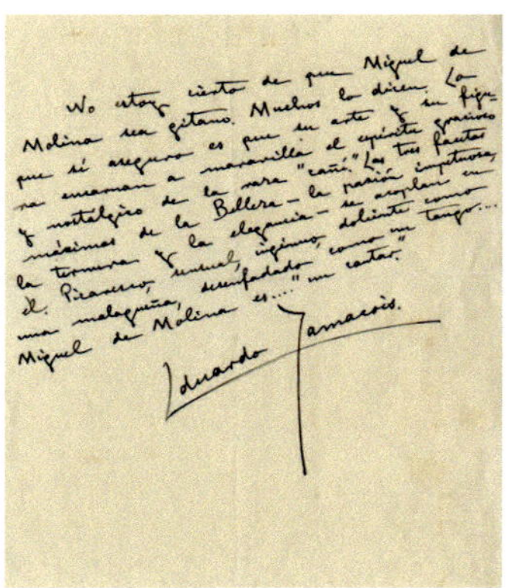

Firma de Eduardo Zamacois en el Libro de oro: «Las tres facetas máximas de la Belleza –la pasión impetuosa, la ternura y la elegancia– se acoplan en Miguel de Molina».

«Todo lo que aprendí fue a base de curiosidad, de constancia y de acercarme a mucha gente de la cultura que despertó mis ganas de saber».
(p.16)

«Para Miguel de Molina: "Duende del arte y arte con duende". Su admiradora Lola Membrives».

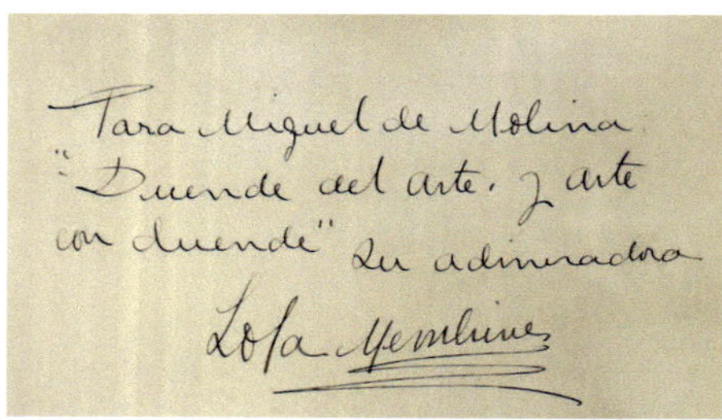

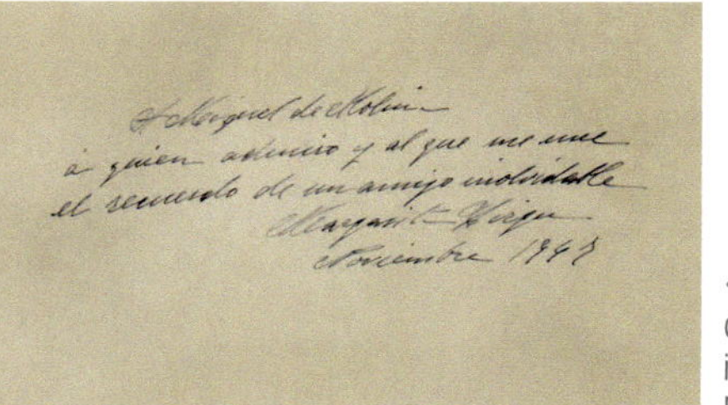

«Miguel de Molina, a quien admiro y al que me une el recuerdo de un amigo inolvidable [Federico García Lorca] Margarita Xirgu. Noviembre 1947».

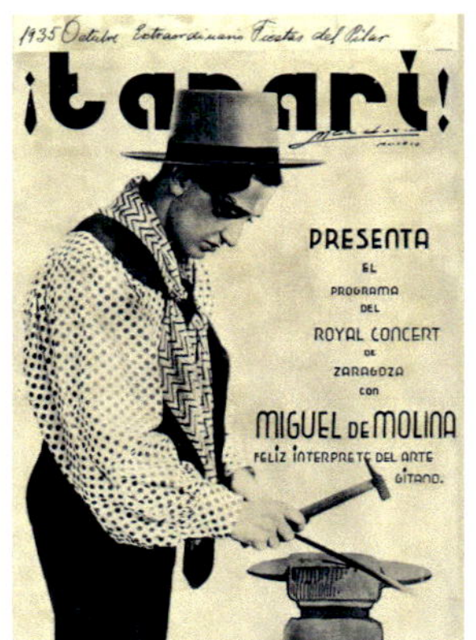

¡Tararí!, 10 de octubre de 1935.

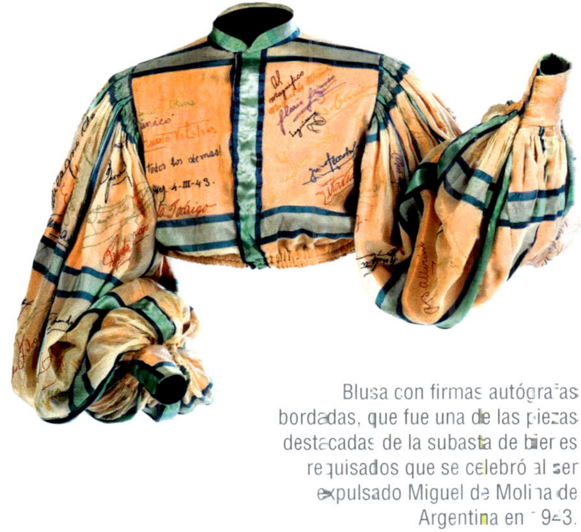

Blusa con firmas autógrafas bordadas, que fue una de las piezas destacadas de la subasta de bienes requisados que se celebró al ser expulsado Miguel de Molina de Argentina en 1943.

Anuncio de la gira del norte (1939).

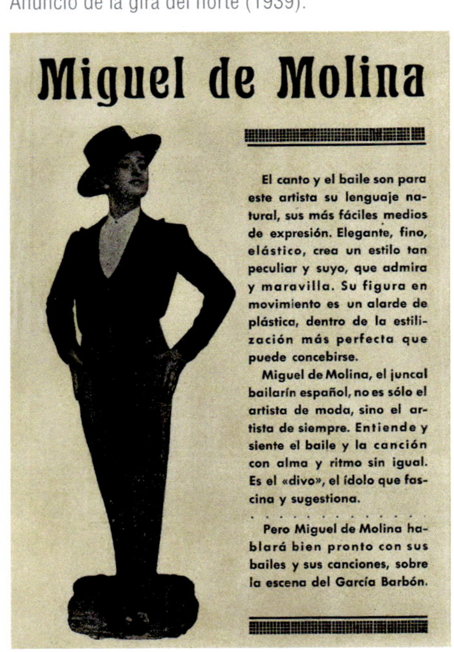

Fotografía dedicada por Lola Flores: «Para el más gitano más gitano nuestro Miguel, de tus primos. Lola y Antonio».

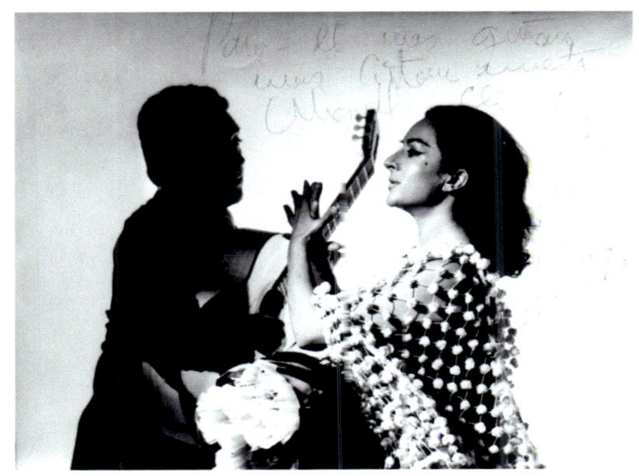

AGRADECIMIENTOS

Fundación Miguel de Molina, Institut universitaire de France, Sorbonne Université, Casa de Velázquez, Université de Toulon.

Martirio, Antonio Canales, Leandro Cano, José Antonio Ruiz, Pilar Boyero, Pablo Suárez, Ángel Ruiz, Juan Valderrama, Clara Montes.

Nancy Berthier, Luis González Fernández, Claude Bussac, Véronique Gilles de la Londe, Christelle Pellier, Damien Brémont, Matthieu Iandolino, Olivier Delubac.

La exposición *Embrujo. Los mundos de Miguel de Molina* marca el inicio de un proyecto plurianual de investigación titulado «Los mundos de Miguel de Molina» (2024-2027), que busca dar el debido reconocimiento a uno de los artistas más originales del patrimonio español, explorando aspectos poco conocidos de su obra y completando el conocimiento de su trayectoria como represaliado del franquismo, condenado al exilio en América Latina.

La reconstrucción de esta figura significativa de la modernidad cultural es posible gracias a la apertura del legado de la Fundación Miguel de Molina, un fondo monumental que aún no ha sido explotado y que constituirá la base del proyecto.

«Los mundos de Miguel de Molina» consta de tres vertientes. Una vertiente documental, con la catalogación del fondo y la creación de un archivo digital para impulsar futuras investigaciones. Una vertiente científica, mediante el desarrollo de una investigación colectiva, internacional e interdisciplinaria en torno a los diferentes campos relacionados con el fondo. Por último, una vertiente de ciencia abierta, con la organización de exposiciones con itinerancia internacional.

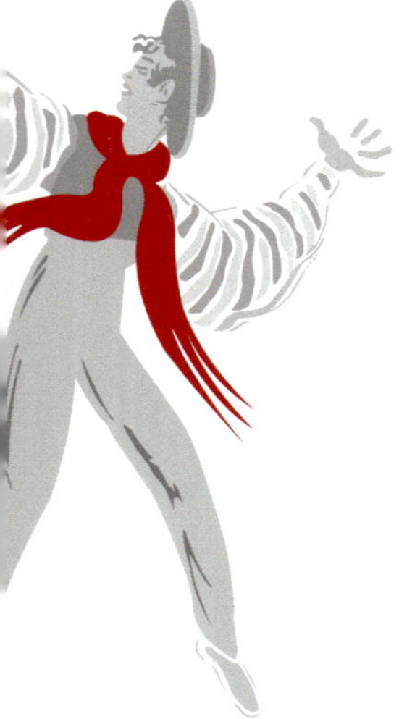

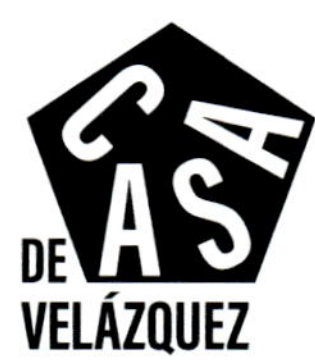